THE USBORNE FIRST THOUSAND WORDS IN LATIN

Heather Amery

Illustrated by Stephen Cartwright

Revised edition by Mairi Mackinnon

Picture editing by Mike Olley

Latin language consultant: Professor Patrick M. Owens

There is a little yellow duck to look for on every double page with pictures. Can you find it?

Stephen Cartwright's little yellow duck made his first-ever appearance in *The First Thousand Words* over thirty years ago. Duck has since featured in over 125 titles, in more than 70 languages, and has delighted millions of readers, both young and old, around the world.

This revised edition first published in 2014 by Usborne Publishing Ltd, 83-85 Saffron Hill, London EC1N 8RT. www.usborne.com
Based on a previous title first published in 1979.

About this book

Latin was the language of the ancient Romans.
More than a thousand years ago, their huge empire stretched across Europe and into Africa and Asia. Today there are very few people who can speak Latin fluently, but it is still used by the Roman Catholic Church, as well as by lawyers and in scientific names.

With this book you'll find it easy to learn Latin words by looking at the **small, labelled pictures**. Then you can practise the words by talking about the large central pictures.

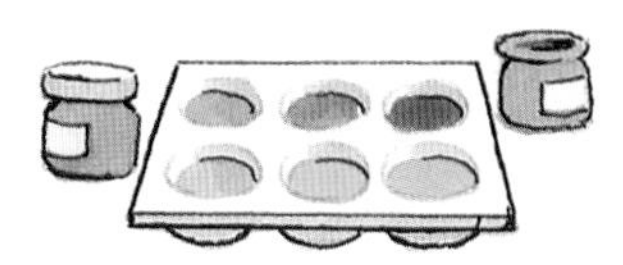
pigmenta (n pl)

lagenae (f pl)

Genders
When you look at Latin words for things such as "table" or "man", you will see that they have **(m)**, **(f)** or **(n)** beside them. This is because all Latin words for things and people are either masculine, feminine or neuter. This is called the **gender** of the word. Plural words are given as **(m pl)**, **(f pl)** or **(n pl)**.

Often, masculine words end in **-us**, feminine words in **-a** and neuter words in **-um**, but there are many exceptions. This means that whenever you learn a new word, it's a good idea to learn its gender at the same time.

hippuri (m pl)

Articles
Unlike English, Latin never uses **articles** ("the", "a" or "an"). Instead of saying "the table", or "a table", the Romans just said "mensa".

helicopterum (n)

New words
In this book you'll find words for things that hadn't been invented when the ancient Romans were alive. However, Latin was still spoken by many thousands of people, long after the end of the Roman Empire. Words have been added to the language for hundreds of years, and Latin experts have come up with new words for recent inventions, based on what the Romans might have said.

aenigma (n)

How to say the Latin words
The Romans lived such a long time ago that no one knows exactly what their language sounded like, although we can guess quite a lot from Roman poetry and other writing. For some tips on how to pronounce Latin words, go to the Latin-English word list at the back of the book. Words in this list are given with marks to show how to pronounce or stress the vowel sounds, such as the long **e** in the word "mēnsa". These marks are not generally used in written Latin; to help you, they are shown in the main part of the book in grey.

socolata (f)

Domus (f)

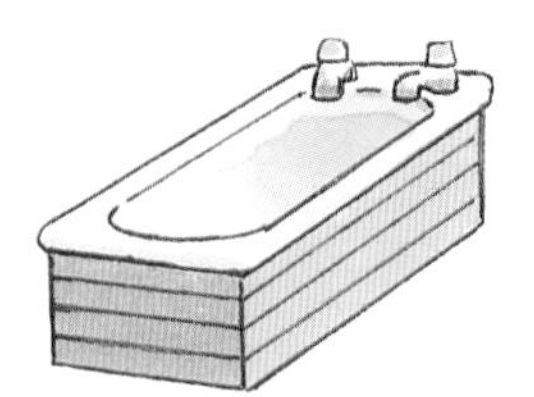
solium (n)

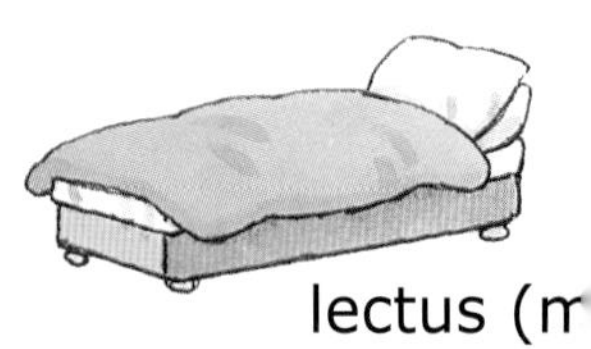
lectus (m

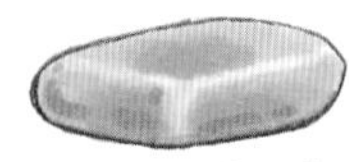
sāpō (m)

epitonium (n)

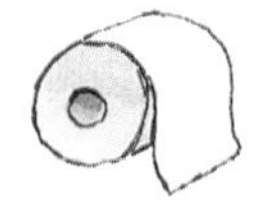
charta hygienica (f)

pēniculus dentārius (m)

aqua (f)

lasanum (n)

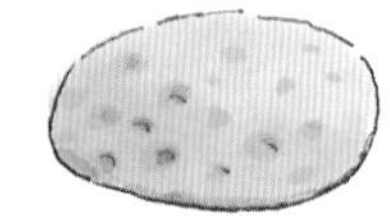
spongia (f)

labellum (n)

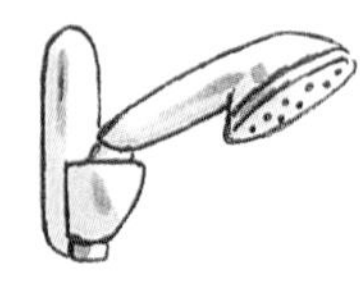
cataclysmus (m)

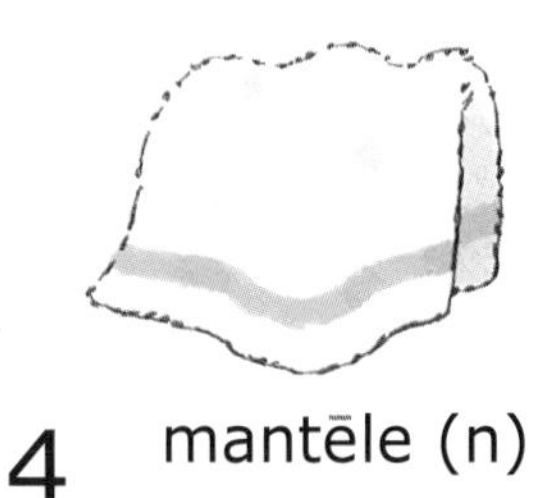
mantēle (n)

dentifricium (n)

radiophōnum (n)

pulvīnus (m)

disculus cinēsiopticus (m)

tapēte (n)

bisellium (

lla (f)
lōdīx (f)
pecten (m)
linteum (n)
stragulum (n)
armārium (n)
ubiculum (n)
tēlevīsiōrum (n)
vestiārium (n)
speculum (n)
pēniculus comātōrius (m)
lucerna (f)
estibulum (n)
pictūrae (f pl)
palliōrum clāvī (m pl)
tēlephōnum (n)
ōrārium (n)
pōma (n pl)
ācta diurna (n pl)
mēnsa (f)
epistulae (f pl)
scālae (f pl)

Culīna (f)

frīgidārium (n)
fūsōrium (n)
vitra (n pl)
hōrologium (n)
scabellum (n)
cochleāria parva (n pl)
virgula (f)
lōmentum (n)
clāvis (f)
iānua (f)
hauritōrium pulveris (n)
vasa coquīnāria (n pl)
fuscinulae (f pl)
gremiāle (n)
mēnsa lēvigātōria (f)
quisquiliae (

ucuma (f)
cultrī (m pl)
scōpae humidae (f pl)
mantēle (n)
tesserae (f pl)
scōpae (f pl)
māchina lavātōria (f)
vatillum (n)
loculus (m)
paterae (f pl)
frīxōrium (f)
furnus (m)
cochleāria lignea (n pl)
patinae (f pl)
ferrum (n)
armārium (n)
mantēle (n)
pōcula (n pl)
sulphurāta (n pl)
pēniculus (m)
acētābula (n pl)

pabō (m)

Hortus (m)

nāsiterna (f)

alveus (m)

cochlea (f)

laterēs (m pl)

columba (f)

rūtrum (n)

coccinella (f)

receptāculum quisquiliārum (n)

sēmina (n pl)

tugurium (n)

vermis (m)

flōrēs (m pl)

aspersōrium (n)

marra (f)

vespa (f)

apis (f)
trulla (f)
os (n)
saepēs (f)
furca (f)
herbiseca (f)
trāmes (m)
folia (n pl)
arbor (f)
fūmus (m)
ērūca (f)
rāstrum (n)
nīdus (m)
rāmālia (n pl)
herba (f)
chīramaxium
īnfantile (n)
holera (n pl)
ignis (m)
tubulus (m)
tugurium
vitreum (n)

Officīna (f)

retināculum (n)
cochleae (f
charta līmātōriā (f)
terebra (f)
scālae (f pl)
serra (f)
scobis (f)
calendārium (n)
cistula īnstrūmentōrum (f)
cochleātōrstrum (n)
axis (m)
rāmenta (n pl)
cultellus (m)

clāvulī (m pl)
arānea (f)
clāvī cochleātī (m pl)
cochleae fēminīnae (f pl)
arānea (f)
cūpa (f)
musca (f)
ascia (f)
rēgula flexilis (f)
malleus (m)
līma (f)
ōlla pigmentī (f)
ligna (n pl)
clāvī (m pl)
mēnsa operāria (f)
fidēliae (f pl)
runcīna (f)

Via (f)

taberna (f)

cavum (n)

thermopolium (n)

arcera (f)

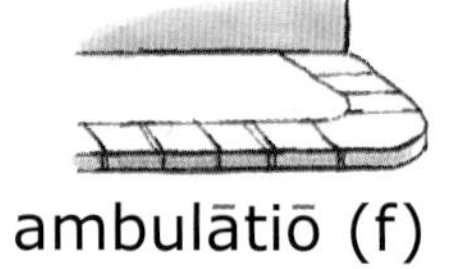
ambulātiō (f)

statua (f)

camīnus (n)

tēctum (n)

currus prōpulsōrius (m)

raeda longa (

dēversōrium (n)

vir (m)

raeda vigilis (f)

fistulae (f pl)

terebra ēlectrica (f)

lūdus (m)

ārea (f

raeda meritōria (f)
trāiectus (m)
officīna (f)
plaustrum (n)
sēmaphorī (m pl)
cīnēmatographēum (n)
sarrācum (n)
cylindrus (m)
plaustrum (n)
domus (f)
forum (n)
scālae (f pl)
birota automata (f)
īnsula (f)
lychnūchus pūblicus (m)
fēmina (f)
raeda (f)
vigil (m)
sīphō (m)
irota (f)

Taberna lūdicra (f)

harmonica inflātilis (n)

hamaxostichus lūsōrius (m)

āleae (f pl)

tībia (f)

automatum (n)

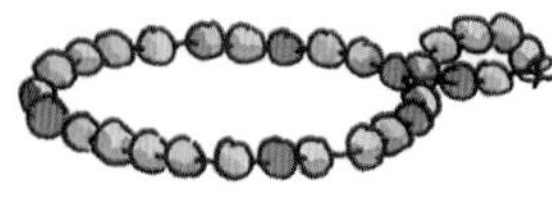

monīle (n)

māchinula phōtographica (f)

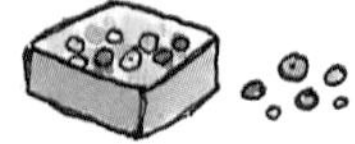

lapillī (m pl)

pūpae (f pl)

cithara (f)

ānulus (m)

domus pūpārum (f)

fistella sībilātrīx (f)

laterēs ligneī (m pl)

castellum (n)

nāvigium subaquāneum (f)

būcina (f)

sagittae (f

cus
)
umbella dēscānsōria (f)
nāvicula (f)
fūcus (m)
cylindrus (m)
persōnae (f pl)
raeda cursōria (f)
equus vacillāns (m)
arca (f)
lapillī marmoreī (m pl)
neurospasta (n pl)
clāvicordium (n)
astronautae (m pl)
tollēnō (m)
chartae lūsōriae (f pl)
tympana (n pl)
mīlitēs (m/f pl)
pigmenta (n pl)
pyraulus (m)

Hortī (m pl)

scabellum (n)

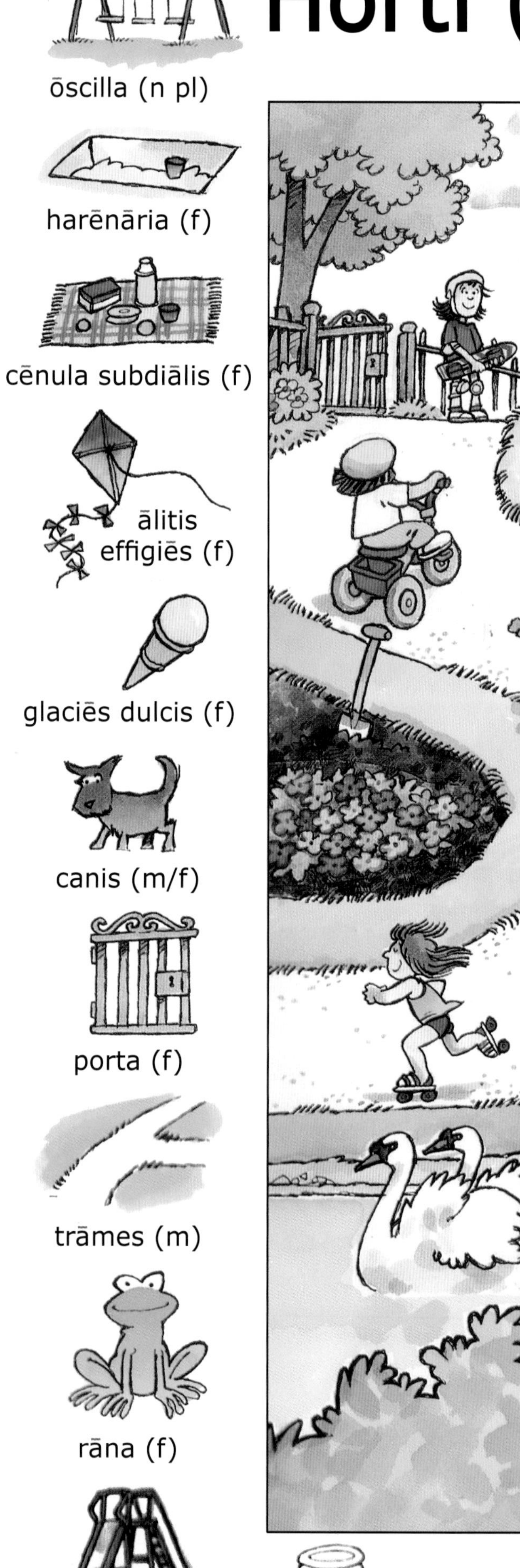

ōscilla (n pl)

harēnāria (f)

cēnula subdiālis (f)

ālitis effigiēs (f)

glaciēs dulcis (f)

canis (m/f)

porta (f)

trāmes (m)

rāna (f)

turricula lūbrica (f)

rānunculī (m pl)

lacus (m)

calceī subrotātī (m pl)

frutex (m)

nfāns (m/f)
tabula
subrotāta (f)
terra (f)
sella
subrotāta (f)
tollēnō
lūsōrius (m)
parvulī (m pl)
trirota (f)
avēs (f pl)
cancellī (m pl)
pila (f)
nāvicula (f)
fūnis (m)
lacūna (f)
anaticulae (f pl)
resticula
persilienda (f)
arbōrēs (f pl)
flōrālia (n pl)
cygnī (m pl)
cōpula (f)
anatēs (f pl)

Animālia (n pl)

cervus (m)
camēlus (m)
phōca (f)
ursus albus (m)
testūdō (f)
proboscis (f)
elephantus (m)
rhīnoceros (m)
bisōn (m)
cornua (n pl)
castor (m)
hippotigris (m)
caper (m)
serpēns (m)
canis
marīnus (m)
balēna (f)
tigris (m)
pardus (m)

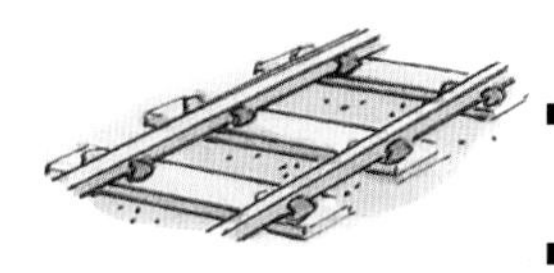

orbitae (f pl)

Itinera (n pl)

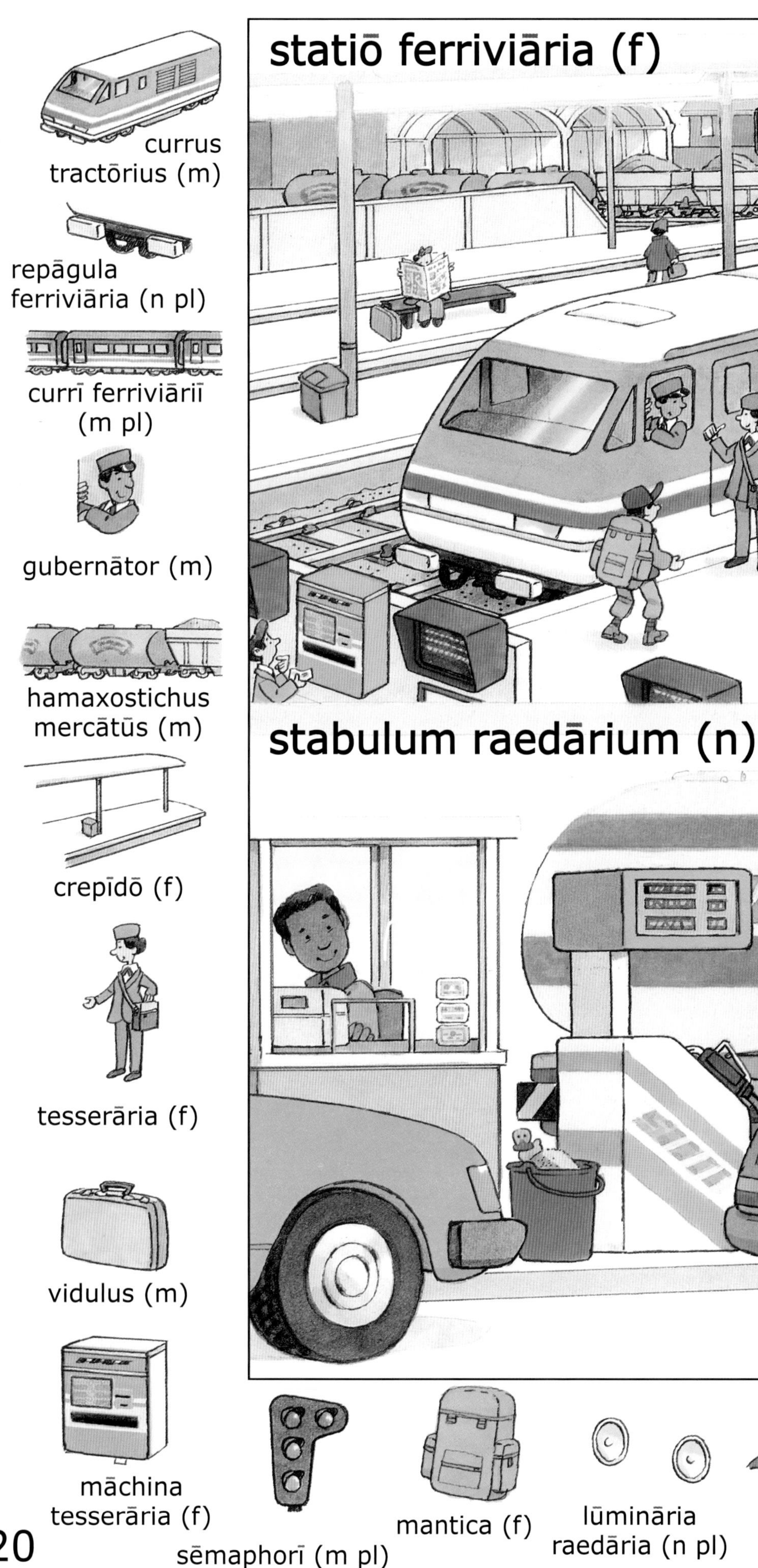

statiō ferriviāria (f)

stabulum raedārium (n)

currus tractōrius (m)

repāgula ferriviāria (n pl)

currī ferriviāriī (m pl)

gubernātor (m)

hamaxostichus mercātūs (m)

crepīdō (f)

tesserāria (f)

vidulus (m)

māchina tesserāria (f)

sēmaphorī (m pl)

mantica (f)

lūmināria raedāria (n pl)

māchināmentum (n)

rota (f)

pyxi[s] ēlectrica

eroportus (m)

āeroplanum (n)
hēlicopterum (n)
curriculum
āeronauticum (n)
turris
īnspectōria (f)
ministrī (m pl)
gubernātor (m)
lavātōrium
raedārium (n)
receptāculum
sarcinārum (n)
benzīnum (n)
currus
helciārius (m)
LAVATORIUM
antlia
benzīnāria (f)
plaustrum
nzīnārium (m)
clāvis (f)
canthus (m)
operculum (n)
oleum (n)

ventīmola (f)

Rūs (n)

mōns (m)

follis āeria (f)

pāpiliō (m)

lacerta (f)

lapidēs (m pl)

vulpēs (f)

rīvus (m)

signum (n)

echīnus (m)

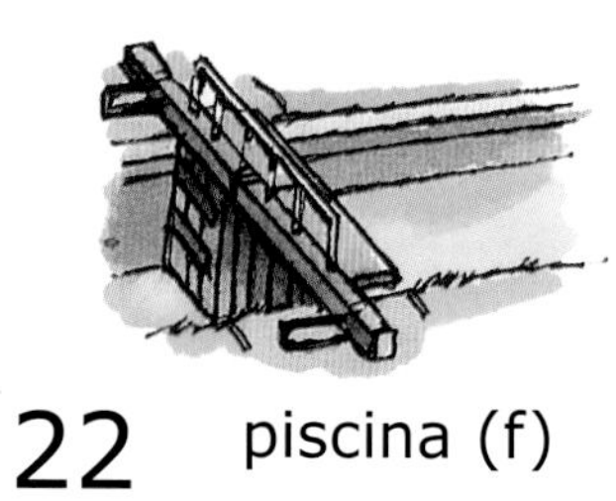
piscina (f)

sciūrus (m)

silva (f)

mēlēs (f)

amnis (m)

via (f)

ntōria (n pl)
canālis (m)
trabēs (f pl)
vīcus (m)
tinea (f)
pōns (m)
nāvis onerāria (f)
cataracta (f)
būbō (m)
specus (m)
vulpis catulī (m pl)
talpa (f)
piscātor (m)
saxa (n pl)
būfō (m)
hamaxostichus (m)
domus mobilis (f)
collis (m)

Fundus (m)

faenī acervus (m)

gallus (m)

canis pastōrīcius (m)

agnī (m pl)

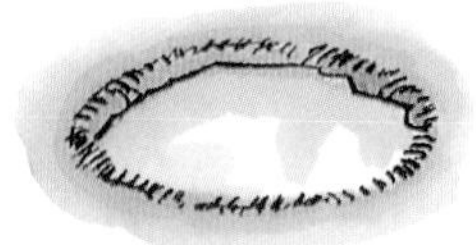

lacus (m)

pullī (m pl)

faenīlia (n pl)

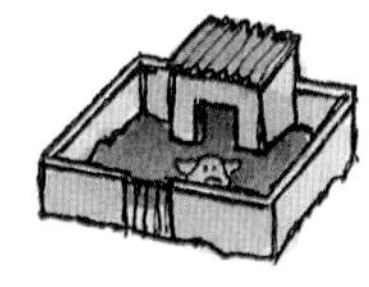

suīle (n)

taurus (m)

gallīnīle (n)

tractōrium (n)

ānserēs (m pl)

plaustrum lactārium (n)

horreum (n)

līmus (m)

plaustrum

gricola (m)
ager (m)
gallīnae (f pl)
vitulus (m)
saeptum (n)
ephippium (n)
būbīle (n)
vacca (f)
arātrum (n)
pōmārium (n)
equīle (n)
porculī (m pl)
asinus (m)
gallopāvōnēs (m pl)
terriculum (n)
faenum (n)
ovēs (f pl)
strāmentum (n)
equus (m)
porcī (m pl)
vīlla rūstica (f)

Lītus (n)

scapha vēlifera (f)

testa (f)

mare (n)

rēmus (m)

pharus (f)

rūtrum (n)

situla (f)

stēlla (f)

castellum harēnārium (n)

umbella (f)

vexillum (n)

nauta (m)

cancer (m)

gāvia (f)

īnsula (f)

scapha automata (f)

nartātrī aquātica

ndae (f pl)

petasus (m)

rūpēs (f)

nāvis (f)

linter (m)

rudēns (m)

calculī (m pl)

alga (f)

rēte (n)

rēmus (m)

scapha piscātōria (f)

pinnae natātōriae (f pl)

unguentum sōlāre (n)

piscis (m)

vestis
tātōria (f)

nāvis oleāria (f)

harēna (f)

nāvicula (f)

sella cubitōria (f)

Lūdus (m)

forficēs (f pl)

tabula (f)

surpiculus
hartārius (m)
magistra (f)
cista (f)
tabula geōgraphica (f)
pēnicillus (m)
tēctum (n)
mūrus (m)
solum (n)
adversāria (n pl)
A B C D E
F G H I L M
N O P Q R S
T U V X Y
alphabētum (n)
īnsigne (n)
piscīna (f)
charta (f)
trānsenna (f)
iānuae
nūbrium (n)
planta (f)
globus
terrārum (m)
puella (f)
cērulae (f pl)
lucerna (f)
pluteus
(m)

Valētūdinārium (n)

mālum

nosocomus (m)

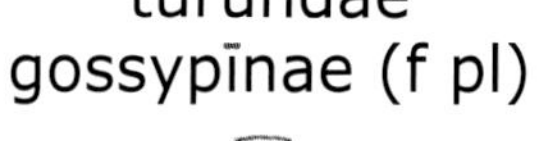
turundae gossypīnae (f pl)

medicāmentum (n)

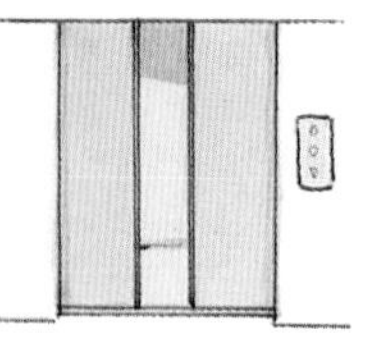
cella scānsōria (f)

amictus balneāris (m)

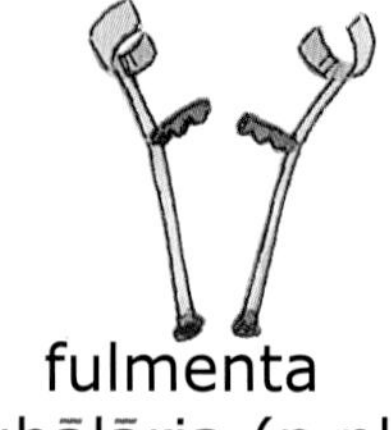
fulmenta subālāria (n pl)

pilulae (f pl)

ferculum (n)

hōrologium (n)

thermometrum (n)

vēlum (n)

fascia gypsāta (f)

fascia (f)

sella rotālis (f)

aenigma (n)

medica (f)

clystēriu[m] (n)

Medicus (m)

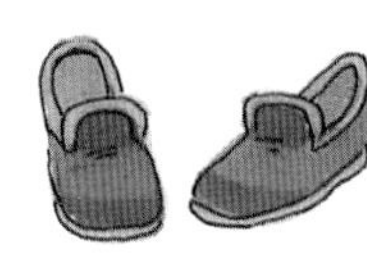

ūdōnēs (m pl)

computātōrium (n)

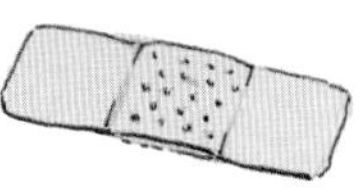

fasciola tenāx (f)

mūsa (f)

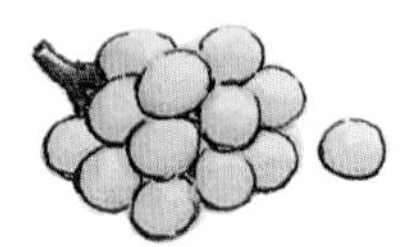

ūvae (f pl)

corbis (m)

oblectāmenta (n pl)

pirum (n)

chartulae (f pl)

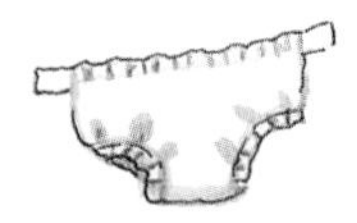

incūnābula (n pl)

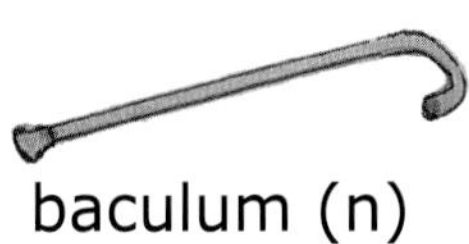

baculum (n)

ervīcal (n)

tunica cubiculāris (f)

vestis dormītōria (f)

aurantium (n)

nāsitergia chartācea (n pl)

commentārium nūbēculātum (n)

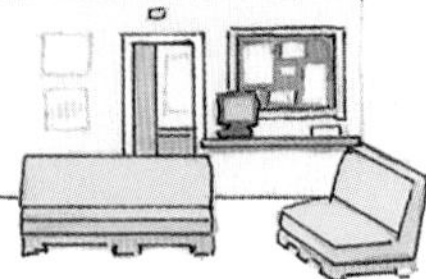

ātrium (n)

Convīvium (n)

dōna (n pl)

follis (f)

socolāta (f)

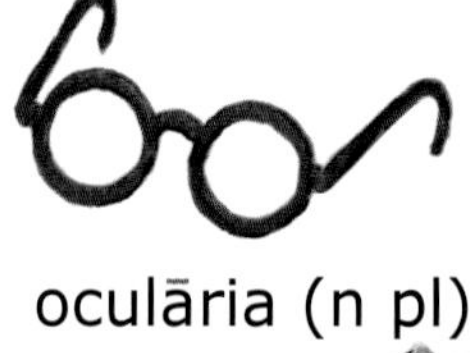

oculāria (n pl)

saccharidium (n)

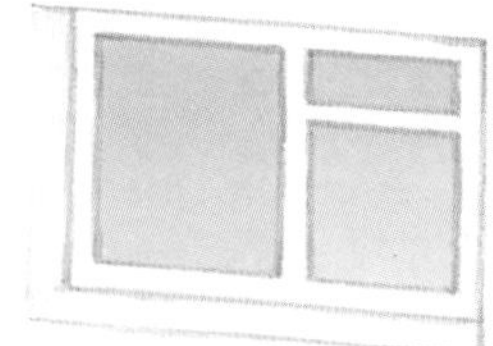

fenestra (f)

spectācula pyrotechnica (n pl)

taenia (f)

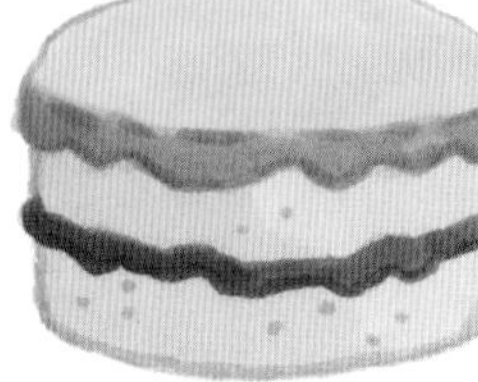

lībum nātāle (n)

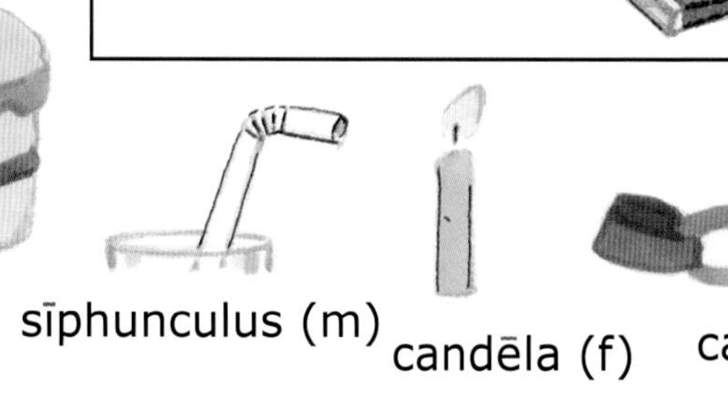

sīphunculus (m)

candēla (f)

catēnae chartāceae (f pl)

oblectāmenta (n

mentīnum (n)
salsicia (f)
ursulus (m)
farcīmen (n)
assulae batātae (f pl)
habitus scaenicus (m)
cerasum (n)
sūcus (m)
mōrum Īdaeum (n)
frāga (n pl)
globulus ēlectricus (m)
pāstillum fartum (n)
butȳrum (n)
bucellātum dulce (n)
cāseus (m)
pānis (m)
mappa (f)

Taberna (f)

mālum paradīsī (n)

saccus (m)

carōta (f)

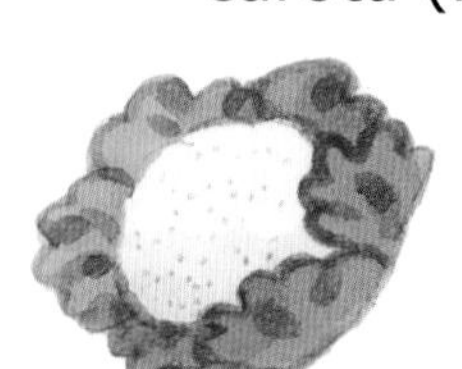
brassica Pompēiāna (f)

porrum (n)

fungus (m)

cucumis (m)

mālum citreum (n)

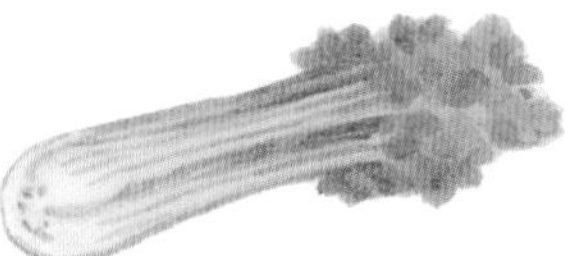
helēoselīnum (n)

Armeniacum (n)

mēlopepō (m)

caepa (f)

brassica (f)

persicum (n)

latūca (f)

pīsum (n)

lycopersicum

va (n pl)
prunum (n)
farīna (f)
libra (f)
fidēliae (f pl)
carō (f)
anānāsa (f)
oxygala (f)
sportella (f)
lagēnae (f pl)
marsūpium (n)
crumēna (f)
pecūnia (f)
pyxidēs (f pl)
ātae (f pl)
spinācia (f)
phaseolus (m)
thēca nummāria (f)
cucurbita (f)
chīramaxium (n)

Cibus (m)

prandium (n)
ientāculum (n)
ovum
ēlixum (n)
pānis tostus (m)
pōma condītīva (f
cafēa (f)
ovum
frīctum (n)
socolāta
calida (f)
flōs lactis (m)
cereālia (n pl)
lac (n)
saccharum (n)
mel (n)
sāl (n)
piper (n)
urceus theārius (f)
thea (f)
lagana (n pl)
pāniculī (m pl)

cēna (f)
perna (f)
iūs (n)
ova spongia (n pl)
acētāria (n pl)
paxillī
ēscāriī (m pl)
lyco-
persicatum
(n)
īnsicium
Hamburgēnse (n)
gallīnācea (f)
orȳza (f)
pāsta vermiculāta (f)
pulticula ē batātīs (f)
placenta Neāpolītāna (f)
batātae frīctae (f pl)
bellāria (n pl)

Corpus (n)

caput (n)
capillus (m)
faciēs (f)
supercilium (n)
oculus (m)
nāsus (m)
gena (f)
ōs (n)
lābra (n pl)
bracchium (n)
cubitum (n)
alvus (f)
dentēs (m pl)
lingua (f)
mentum (n)
aurēs (f pl)
collum (n)
umerī (m pl)
digitī (m pl)
pēs (m)
crūs (n)
genū (n)
pectus (n)
tergum (n)
postīcum (n)
manus (f)
pollex (m)
digitī (m pl)

Vestīmenta (n pl)

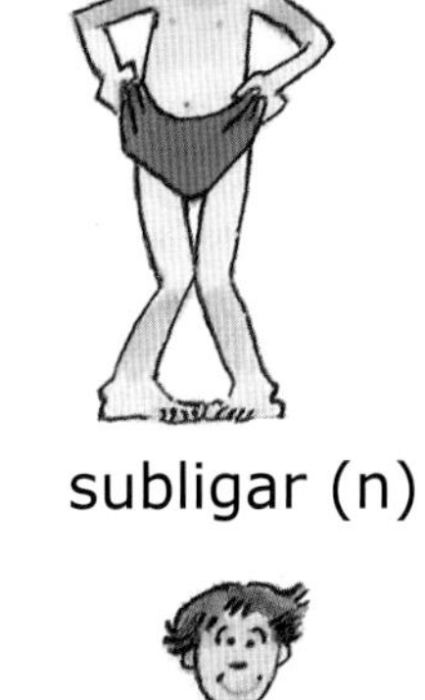

edūlia (n pl) subligar (n) subūcula (f) brācae (f pl) brācae Genuēnsēs (f pl) camīsula (f)

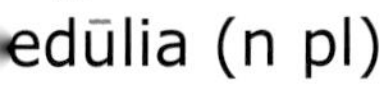

caltula (f) camīsia (f) fascia Croātica (n) feminālia (f pl) crūrālia (n pl) stola (f)

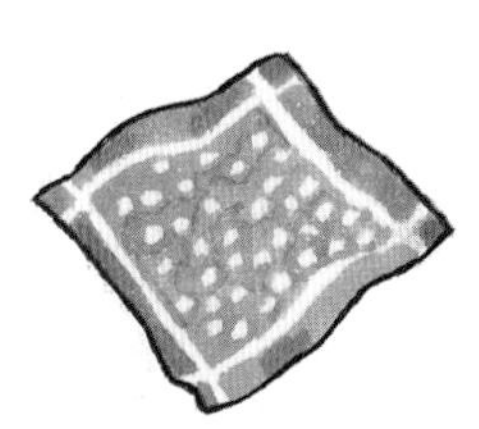

tunica lānea (f) thōrāx palaestricus (m) thōrāx lāneus (m) amictōrium (n) linteolum (n)

calceī athlēticī (m pl) calceī (m pl) soleae (f pl) pērōnēs (m pl) chīrothēcae (f pl)

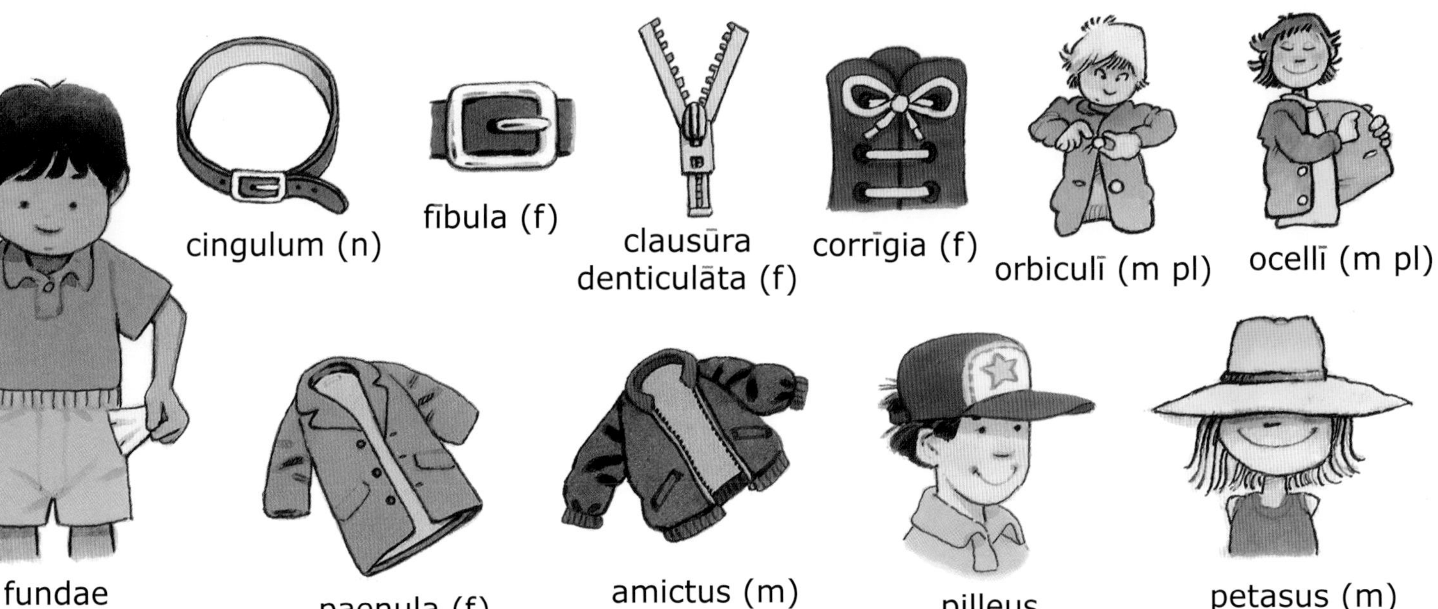

cingulum (n) fībula (f) clausūra denticulāta (f) corrīgia (f) orbiculī (m pl) ocellī (m pl)

fundae (f pl) paenula (f) amictus (m) pilleus rōstrātus (m) petasus (m)

Artēs (f pl)

coquus (m)

saltātōrēs (m pl)

histriōnēs (m pl)

cantōrēs (m pl)

astronauta (m)

lanius (m)

vigilēs (m pl)

faber tignārius (m)

sīphō (m)

artifex (f)

iūdex (m)

mechanicī opificēs (m pl)

tōnsor (m)
plaustrī gubernātrīx (f)
raedārius (m)
medica dentāria (f)
ūrīnātor (m)
ninister (m)
ministra (f)
tabellārius (m)
dēalbātor (m)
pistrīx (f)
Familia (f)
fīlius (m)
frāter (m)
fīlia (f)
soror (f)
māter (f)
uxor (f)
pater (m)
maritus (m)
amita (f)
patruus (m)
animal
familiāre (n)
cōnsōbrīnus (m)
avus (m)
avia (f)

Actiones (f pl)

lūdere
spectāre
ascendere
sūmere
persultāre
dormīre
pugnāre
suere
exspectāre
latēre
emere
coquere
legere
canere
trūdere
afflāre
trahere
verrere
dēligere
cadere
ambulāre
currere
sedēre

Contrāria (n pl)

extrā
intrā
facile
difficile
vacuum
plēnum
molle
dūrum
frōns (m)
celsum
lentum
cēlere
tergum (n)
longum
humile
breve
mortuum
vīvum
tenebrōsum
illūstre
superum
vetus
dextrum
novum
īnfernum

Diēs (m pl)

diēs Lūnae
diēs Martis
diēs Mercuriī
diēs Iovis
diēs Veneris
diēs Saturnī
diēs Sōlis
calendārium (

māne (n)
sōl (m)
vesper (m)

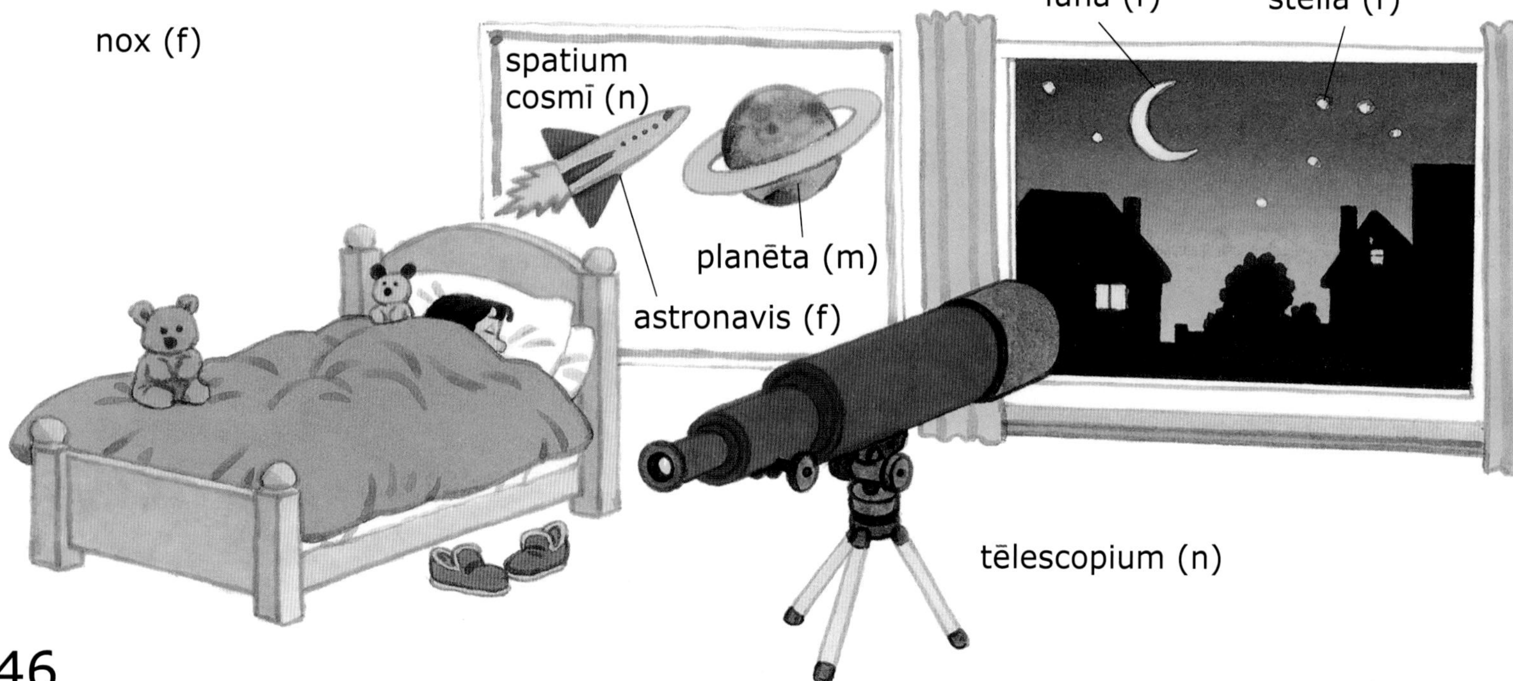
nox (f)
spatium cosmī (n)
lūna (f)
stēlla (f)
planēta (m)
astronavis (f)
tēlescopium (n)

iēs (f pl)
s nātālis (m)
dōnum (n)
candēla (f)
chartula
nātālis (f)
lībum nātāle (n)
iter recreātōrium (m)
ēs nūptiārum (m)
hospitēs (m pl)
prōnuba (f)
spōnsa (f)
spōnsus (m)
māchina
phōtographica (f)
phōtographus (m)
ātālis Chrīstī diēs (m)
tarandrus (m)
trahea (f)
Sānctus Nīcolāus (m)
arbor
nātālicia (f)

Tempestātēs (f pl)

Tempora annī (n pl)

Animālia familiāria (f pl)

Lūdī (m pl)

follis
canistrārius
(m)
rēmigāre
vēlum (n)
nāvigāre
tabulā super
aquam vehī
tabulā nivāriā
prōlābi
rēticulum (n)
tenisia (f)
harpastum (n)
gymnastica (f)
pila
clavāria
(m)
luctātiō
carātica (f)
pila (f)
harundō (f)
piscārī
ēsca (f)
harpastum
Rugbiēnse (n)
saltātiō (f)
pila
statiōnāria
ūrīnārī
piscīna (f)
natāre
curriculum

scopus (m)
sagittāre
volāre āerināve vēliferā
cursitāre
galea (f)
birotā vehī
montēs ascendere
luctātiō iudōica (f)
capsa vestiāria (f)
equus (m)
mannus (m)
pedilūdium (n)
equitāre
apodȳterium (n)
tenisia pinnāta (f)
patinī (m pl)
tenisia mēnsālis (f)
patināre
baculum nartātōrium (n)
cellula pendula (f)
narta (f)
nartāre
luctātiō Iapōnica (f)

Colōrēs (m pl)

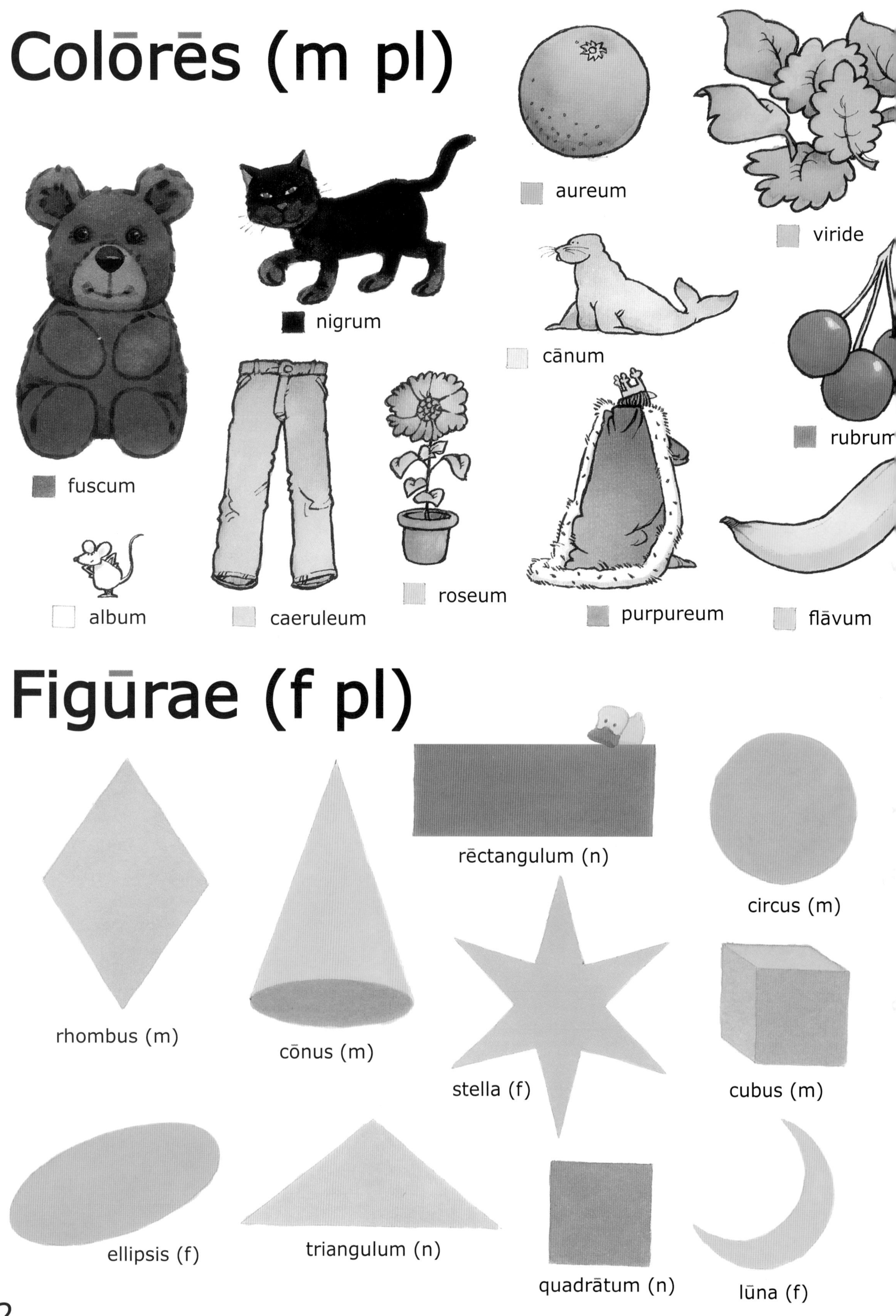

Figūrae (f pl)

Numerī (m pl)

I ūnum
II duo
III tria
IV quattuor
V quīnque
VI sex
VII septem
VIII octō
IX novem
X decem
XI undecim
XII duodecim
XIII tredecim
XIV quattuordecim
XV quīndecim
XVI sēdecim
XVII septendecim
XVIII duodēvīgintī
XIX undēvīgintī
XX vīgintī

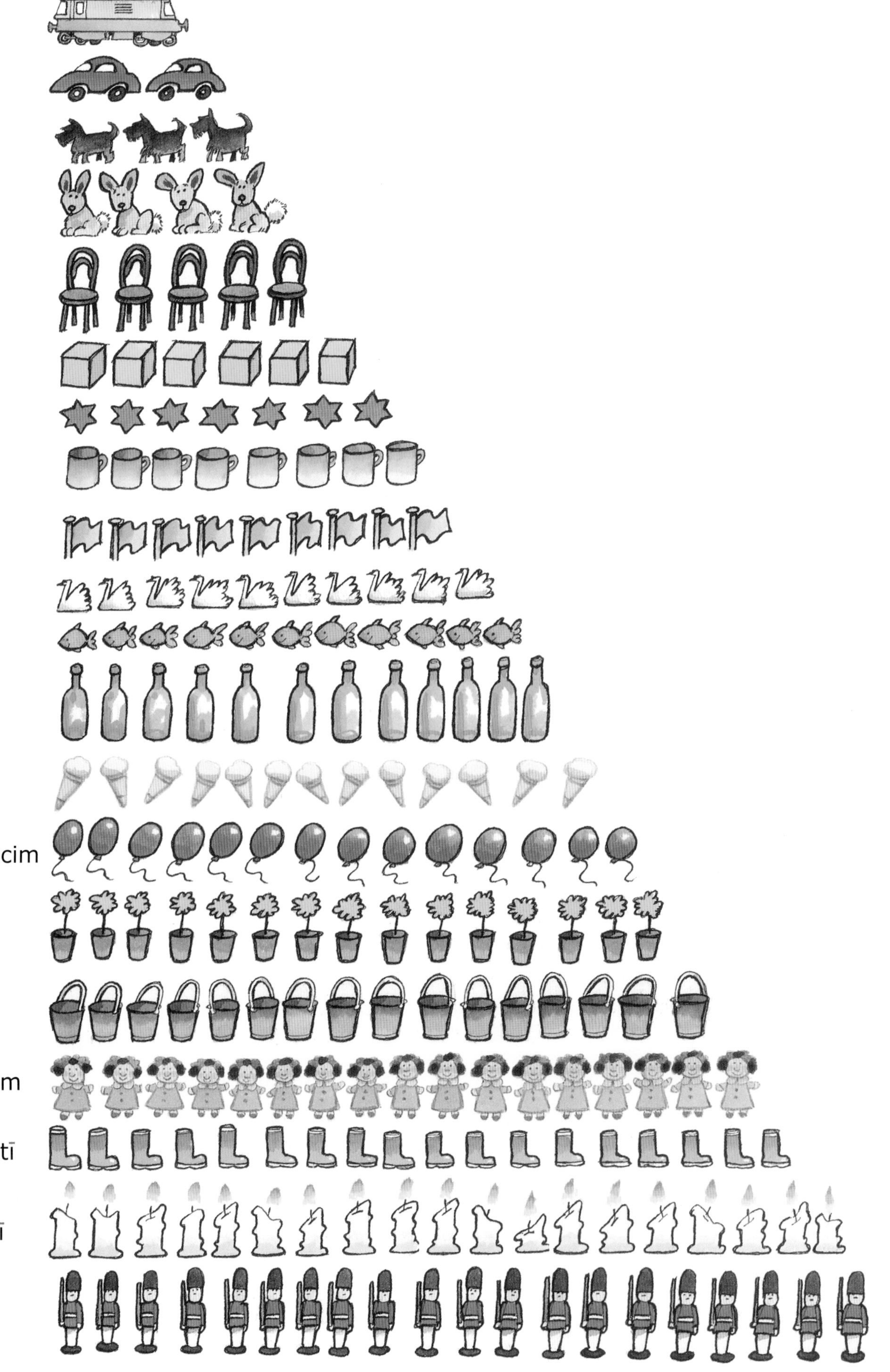

Hortī pūblicī oblectātōriī (m p

Circus (m)

fūnambulus (m)
contus (m)
petaurum (n)
fūnis (m)
irotārius (m)
scālae
retināculōrum
(f pl)
rēte
sēcūritātis (n)
petauristae (m pl)
cunīculus (m)
magister
caerimōniārum (m)
canis (m/f)
trochus (m)
praestrīgiātor (m)
petasus
turrītus (m)
pāpiliō (m)
symphonia (f)
rēctrīx equī
nūdī (f)
scurra (m)

Word list

In this list you can find all the Latin words in the book, in alphabetical order. Remember that Latin nouns (words for people or things) are either masculine, feminine or neuter (see page 3). This is shown by (m), (f) or (n) after the word; (pl) stands for plural. After each word, you can see its English translation.

About Latin pronunciation
Read each Latin word as if it were an English word, but be sure to pronounce each letter, even when a word ends with e (say it as "eh"). Try to remember the following points about how Latin words are said:

- **ae** is pronounced like the **ie** in **tie**
- **au** is pronounced like the **ow** in **now**
- The Latin **c** is a hard **c**, as in **cat**, even before **e**, **h** or **i**
- The Latin **g** is a hard **g**, as in **get**
- An **i** before a vowel at the beginning of a word is pronounced like the **y** in **yet**
- The Latin **u** is pronounced **oo** as in **book**
- The Latin **v** is pronounced **w**

A line above **a, e, i, o, u** or **y** shows that the sound is heavy, or long:

- **ā** is pronounced **ah**
- **ē** is pronounced like the **ay** in **day**
- **ī** is pronounced **ee**
- **ō** is pronounced **aw**
- **ū** is pronounced like the **oo** in **boot**
- **ȳ** is pronounced like a German **ü**: try making your mouth the shape to say "oo", and saying "ee" instead.

A

acētābula (n pl) bowls
acētāria (n pl) salad
ācta diurna (n pl) newspaper
āctiōnēs (f pl) actions
acū texere to knit
adversāria (n pl) notebook
aenigma (n) jigsaw
āeroplanum (n) plane
āeroportus (m) airport
aestās (f) summer
afflāre to blow
ager (m) field
agnī (m pl) lambs
agricola (m) farmer
ālae (f pl) wings
album white
āleae (f pl) dice
alga (f) seaweed
ālitis effigiēs (f) kite
alphabētum (n) alphabet
alveus (m) beehive
alvus (f) tummy
ambulāre to walk
ambulātiō (f) pavement
amictōrium (n) scarf
amictus (m) jacket
amictus balneāris (m) dressing gown
amita (f) aunt (father's side)
amnis (m) river
amputāre to chop
anānāsa (f) pineapple
anatēs (f pl) ducks
anaticulae (f pl) ducklings
animal familiāre (n) pet
animālia (n pl) animals
animālia familiāria (n pl) pets
ānserēs (m pl) geese
antlia benzīnāria (f) petrol pump
ānulus (m) ring
apertum open
apis (f) bee
apodȳtērium (n) changing room
aqua (f) water
aquila (f) eagle
arānea (f) spider, spider's web
arātrum (n) plough
arbor (f) tree
arbor nātālicia (f) Christmas tree
arbōrēs (f pl) trees
arca (f) money box
arcera (f) ambulance
arcus (m) bow
arcus caelestis (m) rainbow
ārea (f) playground
argilla (f) clay
armārium (n) cupboard, wardrobe
Armeniacum (n) apricot
artēs (f pl) professions
artifex (m/f) artist
ascendere to climb
ascia (f) axe
asinus (m) donkey
aspersōrium (n) sprinkler
assulae batātae (f pl) crisps
astronauta (m) astronaut
astronautae (m pl) spacemen
astronāvis (f) spaceship
ātrium (n) waiting room
audīre to listen
aurantium (n) orange
aurēs (f pl) ears
aureum orange (colour)
automatum (n) robot
autumnus (m) autumn
avēs (f pl) birds
avia (f) grandmother
avus (m) grandfather
axis (m) plank

B

baculum (n)	walking stick
baculum nartātōrium (n)	ski pole
balēna (f)	whale
batātae (f pl)	potatoes
batātae frīctae (f pl)	chips
bellāria (n pl)	desserts
benzīnum (n)	petrol
bibere	to drink
birota (f)	bicycle
birota automata (f)	motorbike
birotā vehī	cycling
bisellium (n)	sofa
bisōn (m)	bison
bonum	good
brācae (f pl)	trousers
brācae Genuēnsēs (f pl)	jeans
bracchium (n)	arm
brassica (f)	cabbage
brassica Pompēiāna (f)	cauliflower
breve	short
būbīle (n)	cowshed
būbō (m)	owl
buccellātum dulce (n)	biscuit
būcina (f)	trumpet
būfō (m)	toad
butȳrum (n)	butter

C

cadere	to fall
caedere	to chop
caelum (n)	sky
caepa (f)	onion
caeruleum	blue
cafēa (f)	coffee
calamus (m)	pen
calamī coāctiliciī (m pl)	felt-tips
calceī (m pl)	shoes
calceī athlēticī (m pl)	trainers
calceī subrotātī (m pl)	roller blades
calculī (m pl)	pebbles
calendārium (n)	calendar
calidum	hot
cālīgō (f)	fog
caltula (f)	skirt
camēlopardalis (f)	giraffe
camēlus (m)	camel
camīnus (m)	chimney
camīsia (f)	shirt
camīsula (f)	t-shirt
canālis (m)	canal
cancellī (m pl)	railings
cancer (m)	crab
candēla (f)	candle
canere	to sing
canis (m/f)	dog
canis marīnus (m)	shark
canis pastōrīcius (m)	sheepdog
canthus (m)	tyre
cantōrēs (m pl)	singers
cānum	grey
caper (m)	goat
capere	to catch
capillus (m)	hair
capsa vestiāria (f)	locker
caput (n)	head
carō (f)	meat
carōta (f)	carrot
cāseī (m pl)	cheeses
cāseus (m)	cheese
castellum (n)	castle
castellum harēnārium (n)	sandcastle
castor (m)	beaver
cataclysmus (m)	shower
cataracta (f)	waterfall
catēnae chartāceae (f pl)	paper chains
catulus (m)	puppy
catulus fēlīnus (m)	kitten
cauda (f)	tail
cavia (f)	guinea pig
cavum (n)	hole
cēlere	fast
cella scānsōria (f)	lift
cellula pendula (f)	chairlift
celsum	high
cēna (f)	dinner
cēnula subdiālis (f)	picnic
cerasum (n)	cherry
cereālia (n pl)	cereal
cērulae (f pl)	crayons
cervīcal (n)	pillow
cervus (m)	deer
charta (f)	paper
charta hygienica (f)	toilet paper
charta līmātōria (f)	sandpaper
chartae lūsōriae (f pl)	playing cards
chartula nātālis (f)	birthday card
chartulae (f pl)	cards
chīramaxium (n)	trolley
chīramaxium īnfantile (n)	pram
chīrothēcae (f pl)	gloves
cibus (m)	food
cīnēmatographēum (n)	cinema
cingulum (n)	belt
circus (m)	circle, circus
cista (f)	box
cistula īnstrūmentōrum (f)	toolbox
cithara (f)	guitar
claustra (n pl)	cage
clausum	closed
clausūra denticulāta (f)	zip
clāva (f)	bat (sports)
clāvī (m pl)	nails
clāvī cochleātī (m pl)	bolts
clāvicordium (n)	piano
clāvis (f)	key, spanner
clāvulī (m pl)	tacks
clēmentīnum (n)	clementine
clystērium (n)	syringe
coccinella (f)	ladybird
cochlea (f)	snail
cochleae (f pl)	screws
cochleae fēminīnae (f pl)	nuts
cochleāria lignea (n pl)	wooden spoons
cochleāria parva (n pl)	teaspoons
cochleātōrstrum (n)	screwdriver
cogitāre	to think
collis (m)	hill
collum (n)	neck

colōrēs (m pl)	colours
columba (f)	pigeon
commentārium nūbēculātum (n)	comic
computātōrium (n)	computer
cōnsōbrīnus (m)	cousin
contrāria (n pl)	opposites
contus (m)	pole
cōnus (m)	cone
convīvium (n)	party
cōpula (f)	dog lead
coquere	to cook
coquus (m)	chef
corbis (m)	(wicker) basket
cornua (n pl)	horns
corpus (n)	body
corrīgia (f)	shoelace
crassum	fat
crepīdō (f)	platform
crēta (f)	chalk
cricetus (m)	hamster
crocodīlus (m)	crocodile
crumēna (f)	purse
crūrālia (n pl)	tights
crūs (n)	leg
cubiculum (n)	bedroom
cubīle canīnum (n)	kennel
cubīle felīnum (n)	cat basket
cubitum (n)	elbow
cubus (m)	cube
cucuma (f)	kettle
cucumis (m)	cucumber
cucurbita (f)	pumpkin
culīna (f)	kitchen
cultellus (m)	penknife
cultrī (m pl)	knives
cummi (n)	rubber
cunīculus (m)	rabbit
cūpa (f)	barrel
currere	to run
currī ferriviāriī (m pl)	carriages
curriculum (n)	race
curriculum āeronauticum (n)	runway
curriculum flexuōsum (n)	rollercoaster
currus helciārius (m)	breakdown lorry
currus prōpulsōrius (m)	digger
currus tractōrius (m)	(train) engine
cursitāre	to go jogging
cygnī (m pl)	swans
cylindrus (m)	roller

D

dēalbātor (m)	painter
decem	ten
dēligere	to pick
dēlīneātiō (f)	drawing
delphīnus (m)	dolphin
dentēs (m pl)	teeth
dentifricium (n)	toothpaste
dēversōrium (n)	hotel
dextrum	right
diēs (f pl)	special days
diēs (m pl)	days
diēs Iovis (m)	Thursday
diēs Lūnae (m)	Monday
diēs Martis (m)	Tuesday
diēs Mercuriī (m)	Wednesday
diēs nātālis (m)	birthday
diēs nūptiārum (m)	wedding day
diēs Sāturnī (m)	Saturday
diēs Sōlis (m)	Sunday
diēs Veneris (m)	Friday
difficile	difficult
digitī (m pl)	fingers
digitī (m pl)	toes
disculus cinēsiopticus (m)	DVD
domus (f)	house, home
domus mobilis (f)	caravan
domus pūpārum (f)	doll's house
dōna (n pl)	presents
dōnum (n)	present
dormīre	to sleep
duo	two
duodecim	twelve
duodēvīgintī	eighteen
dūrum	hard

E

echīnus (m)	hedgehog
elephantus (m)	elephant
ellipsis (f)	oval
emere	to buy
ephippium (n)	saddle
epistulae (f pl)	letters
epitonium (n)	tap
equīle (n)	stable
equitāre	riding
equus (m)	horse
equus vacillāns (m)	rocking horse
ērūca (f)	caterpillar
ēsca (f)	bait
ēsse	to eat
exspectāre	to wait
extrā	outside

F

faber tignārius (m)	carpenter
facere	to make
faciēs (f)	face
facile	easy
faenī acervus (m)	haystack
faenīlia (n pl)	hayloft
faenum (n)	hay
familia (f)	family
farcīmen (n)	sausage
farīna (f)	flour
fascia (f)	bandage
fascia Croātica (f)	tie
fascia gypsāta (f)	plaster cast
fasciola tenāx (f)	sticking plaster
fēlēs (f)	cat
fēmina (f)	woman
feminālia (n pl)	shorts
fenestra (f)	window
ferculum (n)	tray
ferre	to carry
ferrum (n)	iron
fībula (f)	buckle
fidēliae (f pl)	jars

figūrae (f pl)	shapes
fīlia (f)	daughter
fīlius (m)	son
fistella sībilātrīx (f)	whistle
fistulae (f pl)	pipes
flāvum	yellow
flōrālia (n pl)	flower bed
flōrēs (m pl)	flowers
flōs lactis (m)	cream
fodere	to dig
folia (n pl)	leaves
follis (f)	balloon
follis āeria (f)	hot-air balloon
follis canistrārius (m)	basketball
forficēs (f pl)	scissors
forum (n)	market
frāga (n pl)	strawberry
frangere	to break
frāter (m)	brother
frīgidārium (n)	fridge
frigidum	cold
fringilla canāria (f)	canary
frīxōrium (f)	frying pan
frōns (m)	front
frutex (m)	bush
fūcus (m)	face paints
fulmen (n)	lightning
fulmenta subālāria (n pl)	crutches
fūmus (m)	smoke
fūnambulus (m)	tightrope walker
fundae (f pl)	pockets
fundus (m)	farm
fungus (m)	mushroom
fūnis (m)	string, tightrope
furca (f)	garden fork
furnus (m)	cooker
fuscinulae (f pl)	forks
fuscum	brown
fūsōrium (n)	sink

G

galea (f)	helmet
gallīnācea (f)	chicken
gallīnae (f pl)	hens
gallīnīle (n)	hen house
gallopāvōnēs (m pl)	turkeys
gallus (m)	cockerel
gāvia (f)	seagull
gena (f)	cheek
genū (n)	knee
glaciēs dulcis (f)	ice cream
globulus ēlectricus (m)	lightbulb
globus terrārum (m)	globe
glūten (n)	glue
gorilla (f)	gorilla
gracile	thin
graphium (n)	pencil
gremiāle (n)	apron
gubernātor (m)	pilot, train driver
gymnastica (f)	gymnastics

H

habitus scaenicus (m)	fancy dress
halmatūrus (m)	kangaroo
hamaxostichus (m)	train
hamaxostichus lārvālis (m)	ghost train
hamaxostichus lūsōrius (m)	train set
hamaxostichus mercātūs (m)	goods train
harēna (f)	sand
harēnāria (f)	sandpit
harmonica inflātilis (f)	mouth organ
harpastum (n)	American football
harpastum Rugbiēnse (n)	rugby
harundō (f)	fishing rod
hauritōrium pulveris (n)	vacuum cleaner
helēoselīnum (n)	celery
hēlicopterum (n)	helicopter
herba (f)	grass
herbiseca (f)	lawn mower
hiems (f)	winter
hippopotamus (m)	hippopotamus
hippotigris (m)	zebra
hippurī (m pl)	goldfish
histriōnēs (m)	actors
holera (n pl)	vegetables
hōrologium (n)	clock, watch
horreum (n)	barn
hortī (m pl)	park
hortī pūblicī oblectātōriī (m pl)	fairground
hortus (m)	garden
hospitēs (m pl)	guests
hūmidum	wet
humile	low

I

iacere	to throw
iactus circulōrum (m)	hoop-la
iānua (f)	door
iānuae manūbrium (n)	door handle
ientāculum (n)	breakfast
ignis (m)	fire
illūstre	light
īmum (n)	bottom (not top)
incūnābula (n pl)	nappy
īnfāns (m/f)	baby
īnfernum	downstairs
īnsicium Hamburgēnse (n)	hamburger
īnsigne (n)	badge
īnsula (f)	island, block of flats
intrā	inside
iter recreātōrium (m)	holiday
itinera (n pl)	travel
iūdex (m)	judge
iūs (n)	soup

L

labellum (n)	basin
lābra (n pl)	lips
lac (n)	milk
lacerta (f)	lizard
lacrimāre	to cry
lacūna (f)	puddle
lacus (m)	lake, pond
lagana (n pl)	pancakes
lagēnae (f pl)	bottles
lanius (m)	butcher

lapidēs (m pl)	stones
lapillī (m pl)	beads
lapillī marmoreī (m pl)	marbles
lāpsus turrītus (m)	helter-skelter
lasanum (n)	toilet
latēre	to hide
laterēs (m pl)	bricks
laterēs ligneī (m pl)	toy bricks
latrīna (f)	bathroom
latūca (f)	lettuce
lavāre	to wash
lavātōrium raedārium (n)	car wash
lectus (m)	bed
legere	to read
lentum	slow
leō (m)	lion
leōnīnī catulī (m pl)	lion cubs
libra (f)	scales
librī (m pl)	books
lībum nātāle (n)	birthday cake
ligna (n pl)	(pieces of) wood
līma (f)	file
līmus (m)	mud
lingua (f)	tongue
linteolum (n)	handkerchief
linter (m)	kayak
linteum (n)	sheet
lītus (n)	seaside
loculus (m)	drawer
lōdīx (f)	duvet
lōmentum (n)	washing powder
longinquum	far
longum	long
loquī	to talk
lucerna (f)	lamp
luctātiō carātica (f)	karate
luctātiō Iapōnica (f)	sumo wrestling
luctātiō iūdōica (f)	judo
lūdere	to play
lūdī (m pl)	sports
lūdus (m)	school
lūmināria raedāria (n pl)	headlights
lūna (f)	moon
lūna (f)	crescent
lupus (m)	wolf
lūsus raedulārum (m)	dodgems
lychnūchus pūblicus (m)	lamp post
lycopersicātum (n)	ketchup
lycopersicum (n)	tomato

M

māchina lavātōria (f)	washing machine
māchina phōtographica (f)	camera
māchina tesserāria (f)	ticket machine
māchināmentum (n)	(car) engine
māchinula phōtographica (f)	(toy) camera
magister caerimōniārum (m)	ring master
magistra (f)	teacher (female)
magnum	big
maizum inflātum (n)	popcorn
malleus (m)	hammer
malum	bad
mālum (n)	apple
mālum citreum (n)	lemon
mālum paradīsī (n)	grapefruit
māne (n)	morning
mannus (m)	pony
mantēle (n)	towel, duster, tea towel
mantica (f)	backpack
manus (f)	hand
mappa (f)	tablecloth
mare (n)	sea
maritus (m)	husband
marra (f)	hoe
marsūpium (n)	handbag
māter (f)	mother
mathematica (f)	sums
matta (f)	mat
mechanicī opificēs (m pl)	mechanics
medica (f)	(female) doctor
medica dentāria (f)	(female) dentist
medicāmentum (n)	medicine
medicus (m)	doctor
mel (n)	honey
mēlēs (f)	badger
mēlopepō (m)	melon
melōpsittacus (m)	budgerigar
mēnsa (f)	table
mēnsa lēvigātōria (f)	ironing board
mēnsa operāria (f)	workbench
mēnsa scrīptōria (f)	desk
mentum (n)	chin
mīlitēs (m/f pl)	soldiers
minister (m)	waiter
ministra (f)	waitress
ministrī (m pl)	cabin crew
mōles glaciālis (f)	iceberg
molle	soft
monīle (n)	necklace
mōns (m)	mountain
montēs ascendere	climbing
mortuum	dead
mōrum Īdaeum (n)	raspberry
multa	many
mundum	clean
mūrus (m)	wall
mūs (m)	mouse
mūsa (f)	banana
musca (f)	fly

N

narta (f)	ski
nartāre (f)	skiing
nartātrīx aquātica (f)	water-skier (female)
nāsitergia chartācea (n pl)	tissues
nāsiterna (f)	watering can
nāsus (m)	nose
nātalīcium (n)	birthday present
Nātālis Chrīstī diēs (m)	Christmas day
natāre	to swim
nauta (m)	sailor
nāvicula (f)	toy boat, rowing boat
nāvigāre	to sail
nāvigium subaquāneum	submarine

(n)	
nāvis (f)	ship
nāvis oleāria (f)	oil tanker
nāvis onerāria (f)	barge
nebula (f)	mist
neurospasta (n pl)	puppets
nīdus (m)	nest
nigrum	black
nix (f)	snow
nosocoma (f)	(female) nurse
nosocomus (m)	(male) nurse
novem	nine
novum	new
nox (f)	night
nūbēs (f pl)	clouds
numerī (m pl)	numbers

O

oblectāmenta (n pl)	toys
ocellī (m pl)	button holes
octō	eight
oculāria (n pl)	glasses (to wear)
oculus (m)	eye
officīna (f)	workshop, factory
oleum (n)	oil
ōlla pigmentī (f)	paint pot
operculum (n)	bonnet (of car)
orbiculī (m pl)	buttons
orbitae (f pl)	railway track
orȳza (f)	rice
os (n)	bone
ōs (n)	mouth
ōscilla (n pl)	swings
ova (n pl)	eggs
ova spongia (n pl)	omelette
ovēs (f pl)	sheep
ovum ēlixum (n)	boiled egg
ovum frīctum (n)	fried egg
oxygala (f)	yoghurt

P

pabō (m)	wheelbarrow
paenula (f)	coat
palliōrum clāvī (m pl)	pegs
pāniculī (m pl)	bread rolls
pānis (m)	bread
pānis tostus (m)	toast
pāpiliō (m)	butterfly, bow tie
pardus (m)	leopard
parvulī (m pl)	children
parvum	small
pāsta vermiculāta (f)	spaghetti
pāstillum fartum (n)	sandwich
pater (m)	father
paterae (f pl)	saucers
patinae (f pl)	plates
patināre	to skate
patinī (m pl)	ice skates
patruus (m)	uncle (father's side)
pauca	few
paxillī ēscāriī (m pl)	chopsticks
pecten (m)	comb
pectus (n)	chest
pecūnia (f)	money
pedilūdium (n)	football
pedūlia (n pl)	socks
pelicānus (m)	pelican
penguīnus (m)	penguin
pēnicillus (m)	paintbrush
pēniculus (m)	brush
pēniculus comātōrius (m)	hairbrush
pēniculus dentārius (m)	toothbrush
pennae (f pl)	feathers
perna (f)	ham
pērōnēs (m pl)	boots
persicum (n)	peach
persōnae (f pl)	masks
persultāre	to skip
pēs (m)	foot
petasus (m)	hat
petasus turrītus (m)	top hat
petauristae (m pl)	acrobats
petaurum (n)	trapeze
pharus (f)	lighthouse
phaseolus (m)	beans
phōca (f)	seal
phōtographēmata (n pl)	photos
phōtographus (m)	photographer
pictūrae (f pl)	pictures
pigmenta (n pl)	paints
pila (f)	ball
pila clavāria (f)	cricket
pila statiōnāria (f)	baseball
pilleus rōstrātus (m)	cap
pilulae (f pl)	pills
pingere	to paint
pinnae nātōriae (f pl)	flippers
piper (n)	pepper
pirum (n)	pear
piscārī	fishing
piscātor (m)	fisherman
piscīna (f)	aquarium, swimming pool
piscis (m)	fish
pistrīx (f)	baker
pīsum (n)	peas
placenta Neāpolītāna (f)	pizza
planēta (m)	planet
planta (f)	plant
plaustrī gubernātrīx (f)	lorry driver (female)
plaustrum (n)	lorry, trailer, cart
plaustrum benzīnārium (m)	petrol tanker
plaustrum lactārium (m)	milk tanker
plēnum	full
pluteus (m)	easel
pluvia (f)	rain
pōcula (n pl)	cups
pollex (m)	thumb
pōma (n pl)	fruit
pōma condītīva (f)	jam
pōmārium (n)	orchard
pōns (m)	bridge
porcī (m pl)	pigs
porculī (m pl)	piglets
porrum (n)	leek
porta (f)	gate
post	behind
postīcum (n)	bottom (of body)
praestrīgiātor (m)	juggler

prandium (n)	lunch
prīmum	first
proboscis (f)	trunk
prōnuba (f)	bridesmaid
propinquum	near
pruīna (f)	frost
prūnum (n)	plum
psittacus (m)	parrot
puella (f)	girl
puer (m)	boy
pugnāre	to fight
pullī (m pl)	chicks
pulticula ē batātīs (f)	mashed potatoes
pulvīnus (m)	cushion
pūpae (f pl)	dolls
purpureum	purple
pyraulus (m)	rocket
pyxidēs (f pl)	tins
pyxis ēlectrica (f)	battery

Q

quadrātum (n)	square
quattuor	four
quattuordecim	fourteen
quīndecim	fifteen
quīnque	five
quisquiliae (f pl)	rubbish

R

radiophōnum (n)	radio
raeda (f)	car
raeda cursōria (f)	racing car
raeda longa (f)	bus
raeda meritoria (f)	taxi
raeda vigilis (f)	police car
raedārius (m)	bus driver
rāmālia (n pl)	sticks
rāmenta (n pl)	shavings
rāna (f)	frog
rānunculī (m pl)	tadpoles
rāstrum (n)	rake
receptāculum quisquiliārum (n)	dustbin
receptāculum sarcinārum (n)	boot (of car)
rēctangulum (n)	rectangle
rēctrīx equī nūdī (f)	bareback rider
rēgula (f)	ruler
rēgula flexilis (f)	tape measure
rēmigāre	to row
rēmus (m)	oar, paddle
repāgula ferriviāria (n pl)	buffers
rēpere	to crawl
resticula persilienda (f)	skipping rope
rēte (n)	net
rēte sēcūritātis (n)	safety net
rēticulum (n)	racket (tennis)
retināculum (n)	vice
rhīnoceros (m)	rhinoceros
rhombus (m)	diamond
rīdēre	to laugh
rīvus (m)	stream
rōs (m)	dew
roseum	pink
rōstrum (n)	beak
rota (f)	wheel
rota Ferrisiāna (f)	big wheel
rubrum	red
rudēns (m)	rope
runcīna (f)	(shaving) plane
rūpēs (f)	cliff
rūs (n)	countryside
rūtrum (n)	spade

S

saccharidium (n)	sweet
saccharum (n)	sugar
saccharum nētum (n)	candy floss
saccus (m)	carrier bag
saepēs (f)	hedge
saeptum (n)	fence
sagittae (f pl)	arrows
sagittāre	archery
sāl (n)	salt
salīre	to jump
salsicia (f)	salami
saltāre	to dance
saltātiō (f)	dance
saltātōrēs (m pl)	dancers
Sānctus Nīcolāus (m)	Saint Nicholas
sāpō (m)	soap
sarrācum (n)	van
saxa (n pl)	rocks
scabellum (n)	stool, bench
scālae (f pl)	ladder, stairs, steps
scālae retināculōrum (f pl)	rope ladder
scapha automata (f)	motorboat
scapha piscātōria (f)	fishing boat
scapha vēlifera (f)	sailing boat
sciūrus (m)	squirrel
scobis (f)	sawdust
scōpae (f pl)	broom
scōpae hūmidae (f pl)	mop
scopus (m)	target
scrībere	to write
scurra (m)	clown
secāre	to cut
sēdecim	sixteen
sedēre	to sit
sella (f)	chair
sella cubitōria (f)	deck chair
sella rotālis (f)	wheelchair
sella subrotata (f)	pushchair
sēmaphorī (m pl)	traffic lights, signals
sēmina (n pl)	seeds
septem	seven
septendecim	seventeen
serpēns (m)	snake
serra (f)	saw
sessōrium (n)	sitting room
sex	six
siccum	dry
signum (n)	signpost
silva (f)	forest
sīmia (f)	monkey
sinistrum	left
sīphō (m)	firefighter, fire engine
sīphunculus (m)	straw (for drinking)
situla (f)	bucket

socolāta (f) — chocolate
socolāta calida (f) — hot chocolate
sōl (m) — sun
soleae (f pl) — sandals
solium (n) — bath
solum (n) — floor
sordidum — dirty
soror (f) — sister
spatium cosmī (n) — space
spectācula pyrotechnica (n pl) — fireworks
spectāre — to watch
speculum (n) — mirror
specus (m) — tunnel
spinācia (f) — spinach
spongia (f) — sponge
spōnsa (f) — bride
spōnsus (m) — bridegroom
sportella (f) — (wire) basket
stabulum raedārium (n) — garage
statiō ferriviāria (f) — railway station
statua (f) — statue
stēlla (f) — star, starfish
stola (f) — dress
storea (f) — mat
strāgulum (n) — rug
strāmentum (n) — straw bales
strūthiocamēlus (m) — ostrich
sub — under
subligar (n) — pants
subrīdēre — to smile
subūcula (n) — vest
sūcus (m) — juice
suere — to sew
suīle (n) — pigsty
sulphurāta (n pl) — matches
sūmere — to take
summum (n) — top
super — over
supercilium (n) — eyebrow
superum — upstairs
surpiculus chartārius (m) — wastepaper bin
symphōnia (f) — band

T

tabellārius (m) — postman
taberna (f) — shop
taberna lūdicra (f) — toyshop
tabula (f) — board
tabula geōgraphica (f) — map
tabulā nivāriā prōlābī — snowboarding
tabula subrotāta (f) — skateboard
tabulā super aquam vehī — windsurfing
taenia (f) — ribbon
talpa (f) — mole
tapēte (n) — carpet
tarandrus (m) — reindeer
taurus (m) — bull
tēctum (n) — roof, ceiling
tēlephōnum (n) — telephone
tēlescopium (n) — telescope
tēlevīsiōrum (n) — television
tempestātēs (f pl) — weather
tempora annī (n pl) — seasons
tenebrōsum — dark
tenisia (f) — tennis
tenisia mēnsālis (f) — table tennis
tenisia pinnāta (f) — badminton
tentōria (n pl) — tents
terebra (f) — drill
terebra ēlectrica (f) — road drill
tergum (n) — back
terra (f) — earth
terriculum (n) — scarecrow
tesserae (f pl) — tiles
tesserāria (f) — ticket inspector
testa (f) — shell
testūdō (f) — tortoise
thea (f) — tea
thēca nummāria (f) — checkout
thermometrum (n) — thermometer
thermopolium (n) — café
thōrāx lāneus (m) — cardigan
thōrāx palaestricus (m) — sweatshirt
tībia (f) — recorder
tigris (m) — tiger
tinea (f) — moth
tollēnō (m) — crane
tollēnō lūsōrius (m) — seesaw
tōnsor (m) — hairdresser
trabēs (f pl) — logs
tractōrium (n) — tractor
trahea (f) — sleigh
trahere — to pull
trāiectus (m) — crossing
trāmes (m) — path
trānsenna (f) — blind (for a window)
tredecim — thirteen
tria — three
triangulum (n) — triangle
trirota (f) — tricycle
trochus (m) — hoop
trūdere — to push
trulla (f) — trowel
tubulus (m) — hosepipe
tugurium (n) — shed
tugurium vitreum (n) — greenhouse
tunica cubiculāris (f) — nightshirt
tunica lānea (f) — jumper
turbō (m) — roundabout
turricula lūbrica (f) — slide
turris īnspectōria (f) — control tower
turundae gossypīnae (f pl) — cotton wool
tympana (n pl) — drums

U

ūdōnēs (m pl) — slippers
ultimum — last
umbella (f) — umbrella
umbella dēscānsōria (f) — parachute
umerī (m pl) — shoulders
undae (f pl) — waves
undecim — eleven
undēvīgintī — nineteen
unguentum sōlāre (n) — suncream
ungulae (f pl) — paws
ūnirotārius (m) — unicyclist
ūnum — one
urceus theārius (f) — teapot
ūrīnārī — diving

ūrīnātor (m) — diver
ursulus (m) — teddy bear
ursus (m) — bear
ursus albus (m) — polar bear
ursus sīnicus (m) — panda
ūvae (f pl) — grapes
uxor (f) — wife

V

vacca (f) — cow
vacuum — empty
valētūdinārium (n) — hospital
vapōrārium (n) — radiator
vāsa coquīnāria (n pl) — pots
vatillum (n) — dustpan
vēlum (n) — curtain, sail
ventīmola (f) — windmill
ventus (m) — wind
vēr (n) — spring
vermis (m) — worm
verrere — to sweep
vespa (f) — wasp
vesper (m) — evening
vespertīliō (m) — bat (animal)
vestiārium (n) — chest of drawers
vestibulum (n) — hall
vestīmenta (n pl) — clothing
vestis dormītōria (f) — pyjamas
vestis natātōria (f) — swimsuit
veterīnārius (m) — vet
vetus — old
vexillum (n) — flag
via (f) — road, street
vīcus (m) — village
vidulus (m) — suitcase
vigil (m) — policeman
vigilēs (m pl) — police officers
vīgintī — twenty
vīlla rūstica (f) — farmhouse
vir (m) — man
virgula (f) — switch
viride — green
vitra (n pl) — glasses
vitulus (m) — calf
vīvum — alive
volāre āerināve vēliferā — hang-gliding
vulpēs (f) — fox
vulpis catulī (m pl) — fox cubs